ښوونځی - مکتب	2
سفر - سفر	5
ټرانسپورټ - حمل و نقل	8
ښار - شهر	10
منظره - چشم انداز	14
ریسټورانټ - رستورانت	17
لوی پلورنځی - سوپر مارکیت	20
څښاک - نوشیدنی ها	22
خواړه - غذا	23
کرونده - مزرعه	27
کور - خانه	31
د اوسیدو خونه - اطاق نشیمن	33
پخلنځی - آشپزخانه	35
حمام - حمام / دستشویی	38
د ماشوم خونه - اطاق اطفال	42
پوښاک - لباس	44
دفتر - دفتر	49
اقتصاد - اقتصاد	51
مسلکونه - شغل ها	53
لوازم - ابزار	56
د میوزیک آلات - آلات موسیقی	57
ژوبڼ - باغ وحش	59
ورزش - ورزش ها	62
فعالیتونه - فعالیت ها	63
کورنی - فامیل	67
بدن - بدن	68
روغتون - شفاخانه	72
عاجل - عاجل	76
ځمکه - زمین	77
ساعت - ساعت	79
اونی - هفته	80
کال - سال	81
شکلونه - شکل ها	83
رنګونه - رنگ ها	84
متضاد - متضاد ها	85
شمیرې - اعداد	88
ژبې - زبان ها	90
څوک/څه/څنګه - کی/چی/چطور	91
چیرې - کجا	92

Impressum
Verlag: BABADADA GmbH, Nedderfeld 112 , 22529 Hamburg
Geschäftsführer / Verlagsleitung: Harald Hof
Druck: Books on Demand GmbH, In de Tarpen 42, 22848 Norderstedt

Imprint
Publisher: BABADADA GmbH, Nedderfeld 112 , 22529 Hamburg, Germany
Managing Director / Publishing direction: Harald Hof
Print: Books on Demand GmbH, In de Tarpen 42, 22848 Norderstedt, Germany

1

مکتب

ښوونځی

صنف درسی
ټولګی
تقسیم کردن
تقسیم
186/2
تخته
د ښوونځي حویلی
معلم
ښوونکی
کاغذ
ورق
نوشتن
لیکل
خودکار
قلم
میز کار
دیسک
خط کش
خط کش
کتاب
کتاب
شاگرد
زده کونکی

بیگ مکتب

کڅوړه

قلم دانی

د پنسل بکسه

پنسل

پنسل

پنسل تراش

پنسل تراش

پنسل پاک

ربړ

کتابچه رسم

د رسامی پاڼه

2

نقاشی
رسامي

برس رنگ زنی
د نقاشی برس

بکسک رنگه
د نقاشی بکس

قیچی
قیچي

سریش
سریښ

کتاب تمرین
د تمرین کتاب

کار خانگی
کورنی دنده

12

عدد
شمیر

2+2

جمع کردن
جمع

5-2

تفریق کردن
منفي

2×2

ضرب کردن
ضرب

حساب کردن
حساب

A

حرف
توری

ABCDEFG HIJKLMN OPQRSTU VWXYZ

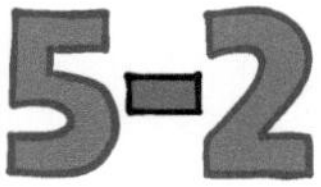

الفبا
الفبا

hello

کلمه
کلمه

تباشیر

تباشیر

خواندن

لوستل

متن

متن

امتحان

ازموینه

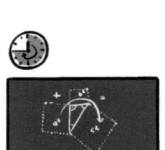

ثبت نام

راجستر

درس

درس

تحصیل

تعلیم

یونیفورم مکتب

د ښوونځي یونیفارم

تصدیقنامه

تصدیق پاڼه

مایکروسکوپ

مایکروسکوپ

پوهنتون

پوهنتون

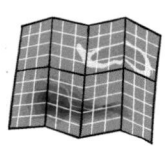

دانشنامه

دایره المعارف

سبد کاغذ باطله

اشغالدانی

نقشه

نقشه

هوتل
هوټل
لیلیه
لیلیه
دفتر صرافی
د اسعارو د تبادلې دفتر
بیگ سفری
بکس
موتر
موټر

زبان
....
ژبه

بلی / نخیر
....
هو/نه

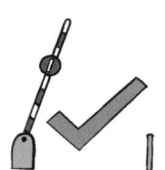

بسیار خوب
....
سمه ده

سلام
....
سلام

مترجم
....
ژباړونکی

تشکر از شما
....
مننه

مشکل

....

ستونزه

نمی فهمم

....

زه نه پوهيږم

قیمتش چقدر است؟

....

څومره دي...؟

شب بخیر!

....

شپه په خير!

صبح بخیر!

....

سهار په خير!

عصر بخیر! / شب بخیر!

....

ماښام مو پخير!

بار مسافر

....

سامان

مسیر

....

لارښود

خداحافظ

....

په مخه مو ښه

مهمان

....

میلمه

بیگ پشتکی

....

شاتنی بکس

بیگ

....

بیک

خیمه

....

خیمه

بستره خواب سیار

....

د خوب كڅوړه

اطاق

....

خونه

معلومات توریستی
....
د توریزم معلومات

ساحل
....
ساحل

کریدیت کارت
....
کریډیټ کارت

صبحانه
....
ناری

طعام چاشت
....
د غرمي خواړه

غذای شام
....
د شپې خواړه

تکت
....
ټیکټ

لفت
....
لفټ

مهر
....
مهر

مرز
....
پوله

گمرک
....
ګمرک

سفارتخانه
....
سفارت

ویزه
....
ویزه

پاسپورت
....
پاسپورټ

حمل و نقل

ټرانسپورټ

طیاره
الوتکه
کشتی
موتر اطفاییه
د اور ماشین
بس
بس
لاری
قایق موتوری
بایسکل
بایک
موتر

موترسایکل

موټرسایکل

قایق

کښتۍ

کشتی

کښتۍ

موتر کرایی

کرایي موټر

موتر مسابقه

د ریس موټر

موتر پولیس

د پولیسو موټر

موتر حمل زباله

ریفیوز ټرک

جرثقیل

جرثقیل لرونکی ټرک

اشتراک وسایط

د کرایه موټرې

تانک تیل

پټرول سټیشن

تیل

سونګ توکي

موتور

موټر

راهبندان

جام ترافیک

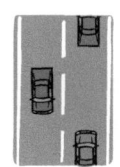

عبور و مرور

ترافیک

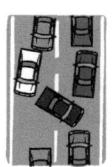

علامت ترافیکی

ترافیکي نښه

خط ریل

پاټکي

ایستگاه ریل

د ریل سټیشن

پارک وسایط

د موټرو تمځای

واگن

واګون

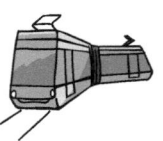

ریل برقی

ټرام

ریل

ریل

برج

برج

میدان هوایی

هوايي ډګر

هلیکوپتر

چورلکه

کارتن

کارتون

کانتینر

کانټینر

مسافر

مسافر

پرواز کردن / فرود آمدن

الوتنه کول/کښېناستل

سبد

ټوکرى

گادی

کارت

شهر

ښار

خانه

کور

تیاتر شهر

د ښار مرکز

قریه

کلی

سینما
سینما
اعلان
اعلان
چراغ سرک
د کوڅې لامپ
سرک
کوڅه
تکسی
ټیکسي
فروشگاه اسنک
د خوارو پلورنځی
عابر پیاده
پیاده
پیاده رو
پلي لاره
چهار راهی
د تیریدو لاره
خطوط عابر پیاده
د سرک څخه تیریدو لاره
سطل آشغال
اشغالدانی (لوی)
چراغ راهنمایی
د ترافیک څراغونه

ایستگاه ریل

د ریل سټیشن

آپارتمان

اپارتمان

کلبه

کوډله

مکتب

ښوونځی

موزیم

میوزیم

تالار شهر

ټاون هال

شفاخانه

روغتون

بانک

بانک

پوهنتون

پوهنتون

دفتر

دفتر

دواخانه

درملتون

هوتل

هوټل

گل فروشی

د گلانو پلورنځی

مغازه

پلورنځی

کتابفروشی

کتاب پلورنځی

فروشگاه

د ډیپارټمنټ سټور

فروشگاه

مارکیټ

سوپر مارکیت

لوی پلورنځی

بندر

لنگرتون

مرکز خرید

د پلور مرکز

ماهی فروشی

کب پلورنځی

پل

پل

دراز چوکی

بینچ

پارک

پارک

تونل

تونل

مترو

د ځمکي لاندي

زینه ها

زینه

رستورانت

ریسټورانټ

میخانه

بار

ایستگاه بس

بس تمځای

ماشین پارکو متر

د پارک کولو میټر

علامت سرک

د کوڅې نښه

صندوق پست

پوست بکس

مسجد

مسجد

حوض آببازی

د لامبو حوض

باغ وحش

ژوبڼ

قبرستان

هدیره

آلوده گی

ناپاکي

مزرعه

کرونده

معبد

معبد/کلیسا

میدان بازی

د لوبو ډګر

کلیسا

چرچ

چشم انداز

منظره

برگ
پاڼه
لوحه
د لارښووني نښه
راه
لاره
علفزار
چمن
سنگ
کاڼی
درخت
ونه
کوهنورد
هیکر
دریا
سیند
علف
واښه
گل
ګل

دریاچه
....
ناور

تپه
....
غونډۍ

دره
....
دره

آتشفشان
....
اورشیندی

صحرا
....
دشته

جنگل
....
ځنګل

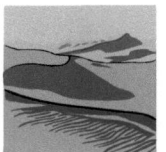

سمارق
....
مرخیړي

رنگین کمان
....
رنګین کمان

قلعه
....
کلا

مگس
....
الوتل

پشه
....
ماشي

درخت آلو
....
پلم ونه

عنکبوت
....
غونډا/جولا

زنبور
....
مچۍ

مورچه
....
میږی

موش خرما

نولی

بقه

چونګښه

قانغوزک

ګونګټ

بوم

ګونګ

خرگوش صحرایی

سوی

خارپشت

زیږکی

خوک وحشی

نرخوګ

مرغابی

قازه

پرنده

مرغی

بند آب

بند

گوزن شمالی

ګاوزه

گوزن

هوسۍ

آب و هوا

اقلیم

صفحه خورشیدی

سولر تختي

توربین بادی

بادي توربین

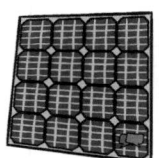

ریسټورانټ

پیشخدمت
پېشخدمت
مینوی غذا
مینو
چوکی
سوپ
سوپ
پیتزا
پیزا
قاشق و پنجه و کارد
بڼاخې، چاقو، کاشوغه
روی میزی
د میز ټوټه

پیش غذا
....
سټارټر

غذای اصلی
....
اصلي خواړه

شرینی
....
شیرني

نوشیدنی ها
....
څښاک

غذا
....
خواړه

بوتل
....
بوتل

چاینک/ترموز

چای جوش

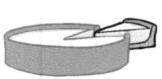

غذای کنار سرک

د کوڅې خواړه

فاست فود

فاسټ فوډ

دستگاه اسپرسو

اسپرسو مشین

بخش غذا

برخه

قندانی

قندانی

پطنوس

مجمه

بل

رسید

چوکی بلند

لوړه چوکی

قاشق

قاشق

پنجه

پنجه

چاقو

چاکو

گیلاس

گلاس

دستپاک دسترخوان یا میز

سورویت

قاشق چای خوری

چای قاشق

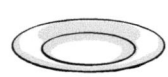

نعلبکی

نالبکی

بشقاب سوپ

د سوپ پلیټ

بشقاب

پلیټ

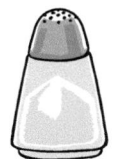

آسیاب مرچ

د مرچ ټکولو لوخی

نمکدان

مالگه شیندونکی

چتنی

ساس

ادویه

مساله

روغن خوراکی

غوړي

سرکه

سرکه

مایونز

چکه

ساس خردل

شړشم

کچاپ

کچ اپ

سوپر مارکیت

لوی پلورنځی

پیشنهاد خاص
FOR
مشتری
پیرودونکی
لبنیات
لبنیات
میوه
میوه
چرخ دستی
لاسي څرخ

قصابی

قصابي

نانوایی

نانوایی

وزن کردن

وزن کول

سبزیجات

سبزیجات

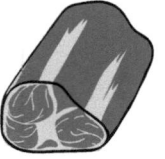

گوشت

غوښه

غذای منجمد

کنګل خواړه

پودر رختشویی
....
د مینځلو پوډر

غذای کنسر شده
....
کنسروا خواړه

غذای سرد
....
یخه غوښه

محصولات پاک کننده
....
د پاکولو محصولات

لوازم خانگی
....
کورني تولیدات

شیرینی
....
شیریني

صندوقدار
....
صراف

دخل پیسه
....
د نغدي راجستر

فروشنده
....
د پلور فرد

بکسک جیبی
....
بټوه

ساعات کاری
....
کاري ساعتونه

لست خرید
....
د پیرود لیست

بیگ پلاستیکی
....
پلاستیک کڅوړه

بیگ
....
کڅوړه

کریدیت کارت
....
کریډیټ کارت

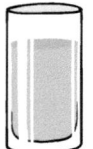

نوشیدنی ها
څښاک

شیر

شیده

جوس

جوس

آب

اوبه

بیر

بیر

شراب

واین

نوشابه

کوک

چای

چای

ککو

ککاو

الکول

الکول

کاپوچینو

کپچینو

اسپرسو

اسپرسو

قهوه

کافي

خواړه

مالته

نارنج

سیب

مڼه

کیله

کیله

زردک

گازره

لیمو

لیمو

تربوز

هندوانه

پیاز

پیاز

چوب خیزران

بانس

سیر

هوږه

آش

آش

مغزیات

چغزی

سمارق

مرخیړي

سلاد

سلاد

برنج

وريجي

مکرونی

سپيګټي

پیتزا

پيزا

کچالو سرخ کرده

سره کړي کچالو

چیپس

چپس

کتلت

کټره

ساندویچ

ساندويچ

همبرگر

همبرګر

ساسچ

ساسچ

سالامی

سلمي

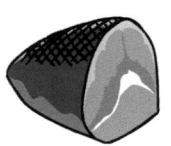

همبرگر

د پتون غوښه

ماهی

کب

کباب

روسټ

مرغ

چرګ

کورن فلکس

د جوار پلی

صبحانه رژیمی

موسلي

فرنی جو

د وربشي شیرني

قرص نان

د ډوډۍ رول

کروسانت

کروسانت

آرد

اوړه

بیسکیت

بسکیټ

توست / نان بریان

ټوسټ

نان خشک

ډوډۍ

کیک

کیک

چکه

چکه

مسکه

کوچ

پنیر

پنیر

تخم مرغ سرخ شده

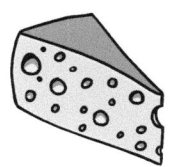

پښې هگۍ

تخم مرغ

هگۍ

عسل

شهد

شکر

بوره

آیسکریم

آیس کریم

زردچوبه هندی

کورکمان

مسکه چاکلیت

نوګاټ کریم

مربا

مربا

مزرعه
کرونده

د کروندي خونه
گودام غله
غوجل
خرمن گاه
د بوسو کېدی
زمین زراعتی
اسب
اس
تریلر
لاس گاډی
کره اسب
کوچنی اس
تراکتور
ټریکټر
خر
خر
گوسفند
پسه
بره

بز
....
وزه

گاو
....
غوا

گوساله
....
خوسکی

خوک
....
خوگ

خوکچه
....
د خوگ بچی

گاو نر
....
غویی

چوچه مرغ

....

چرگوری

مرغابی

....

هیلی

قاز

....

بته

موش صحرایی

....

سارای موږک

خروس

....

بانګي

مرغ

....

چرگه

گاومیش

....

غویی

موش

....

موږک

پیشک

....

پیشک

خانه باغ

....

د باغ هوز

خانه سگ

....

د سپي خونه

سگ

....

سپی

قولبه کردن

....

یوی

داس

....

لور (داس)

آبپاش

....

د اوبو لوخی

28 كرونده - مزرعه

چنگال باغبانی

....

بڼاخی

کج بیل

....

رمبی

داس

....

لور

تغار

....

ناوه

کراچی

....

کراچی

تبر

....

تبر

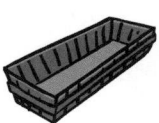

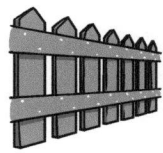

دیوار مرزی از چوب یا سیم خار دار

....

کټاره

بوجی

....

جوال

قوطی شیر

....

د شیدو لوخی

خاک

....

خاوره

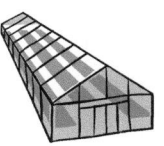

گلخانه

....

شنه خونه

پایدار

....

مضبوط

ماشین درو وخرمنکوبی

....

گـډ ریبونکی ماشین

کود

....

سره/کود

تخم

....

تخم

کچالو شرین

خواږه کچالو

درو

درمند

درو کردن

زیرمه کول

کچالو

کچالو

سویا

سویا

گندم

غنم

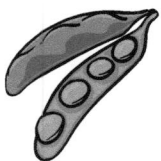

درخت میوه

د میوې ونه

کلزا

نباتي تخم

جواری

جوار

غلات و حبوبات

غله

مانیوک

مانیوک

خانه

کور

دودکش
پشت بام
بام
آب رو
ناودان
کلکین
کړکۍ
گراج
زنگ دروازه
د دروازې زنګ
دروازه
دروازه
سطل زباله
اشغالدانۍ
صندوق نامه
د لیک بکس
باغچه
باغ

آشپزخانه
....
پخلنځی

حمام / دستشویی
....
حمام

اطاق نشیمن
....
د اوسیدو خونه

اطاق پذیرایی
....
د خوړو خونه

اطاق اطفال
....
د ماشوم خونه

اطاق خواب
....
د ویده کیدو خونه

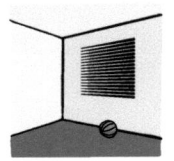

سقف

چت

دیوار

دیوال

کف زمین

فرش

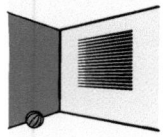

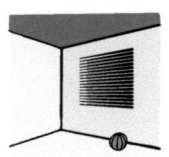

بالکن

بالكوني

سونا

سونا

گودام زیر زمینی

زیرخانه

ماشین درو کردن چمن

د چمن وهلو ماشین

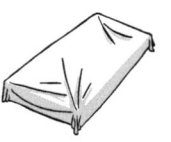

حوض

حوض

برنده / بالکن

تېراس

تختخواب

تخت

روجایی

روجایی

ورق کاغذ

شیټ

سویچ

سویچ

سطل

بوکه

جارو

جارو

اطاق نشیمن

د اوسیدو خونه

کاغذ دیواری
والپیپر
تصویر
عکس
چراغ
لامپ
قفسه
شیلف
کابینت
الماری
تلویزیون
تلویزیون
بخاری دیواری
نغری
گل
گل
بالشت
بالښت
کوچ
صوفه
گلدان
گلدانی
ریموت کنترول
ریموت کنټرول

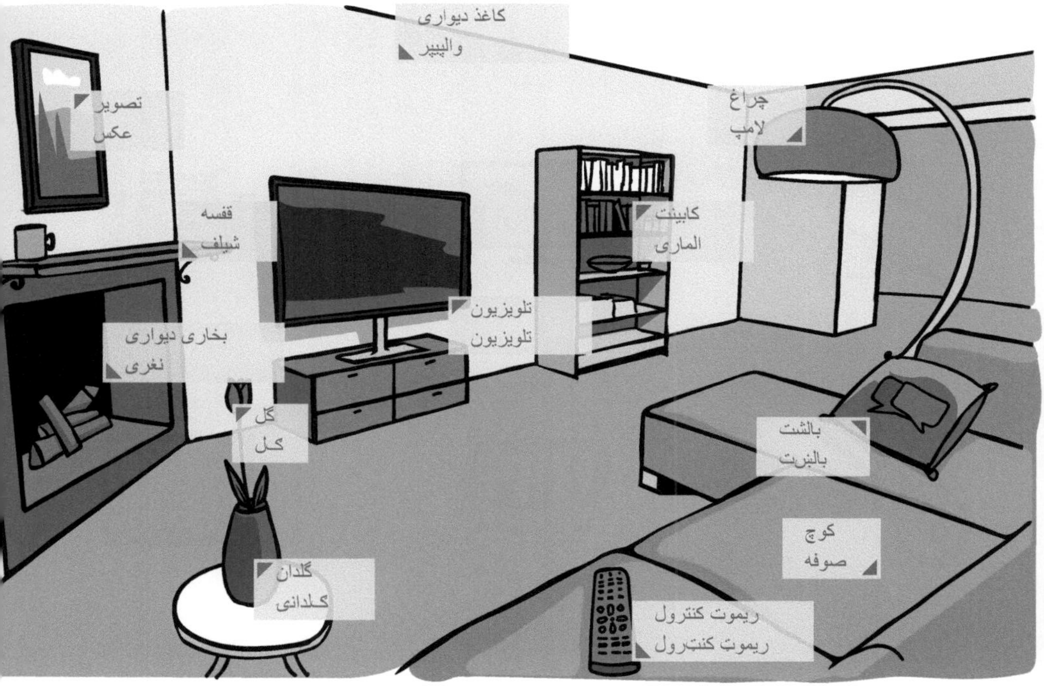

فرش

غالۍ

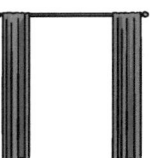

پرده

پرده

میز

میز

چوکی

چوکۍ

چوکی گهواره یی

تاویدونکي چوکۍ

چوکی دسته دار

بازو لرونکی چوکۍ

دکوراسیون

ډیکوریشن

کمپل

کمپل

کتاب

کتاب

سیستم های فای

هایفای

فلم

فلم

هیزم

د اور لرګي

تابلوی نقاشی

نقاشي

روزنامه

ورځپاڼه

کلید

کلي

دفتر

کتابچه

رادیو

راډیو

پوستر

پوسټر

شمع

شمع

کاکتوس

کاکتوس

جاروبرقی

واکیوم جارو

آشپزخانه
پخلنځی

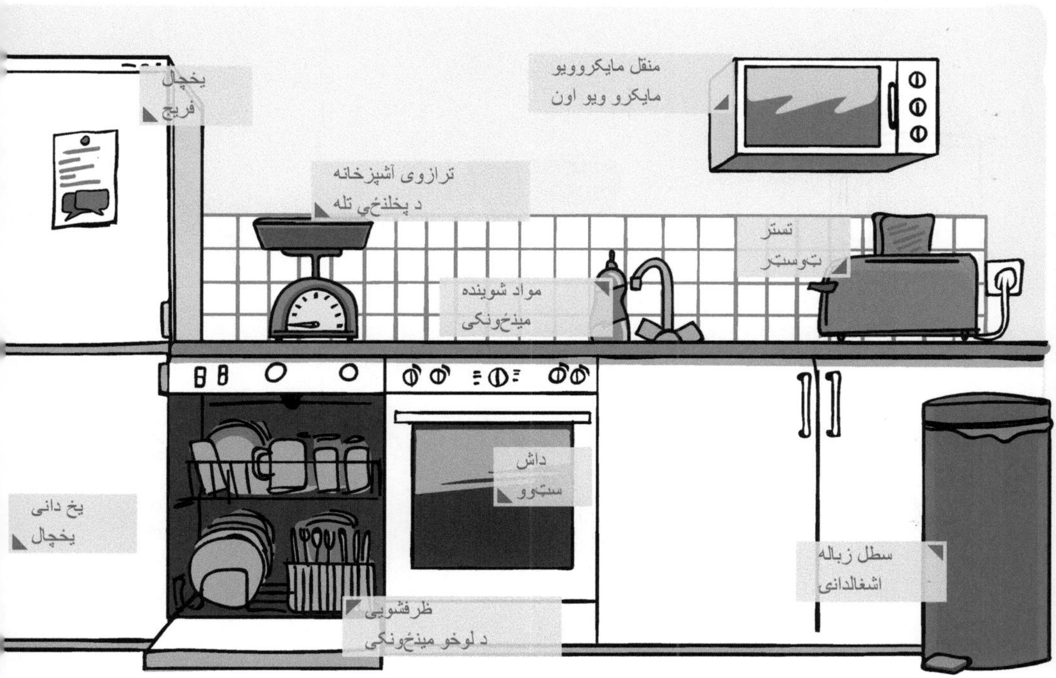

یخچال
فریج
منقل مایکروویو
مایکرو ویو اون
ترازوی آشپزخانه
د پخلنځي تله
تستر
ټوسټر
مواد شوینده
مینځونکی
داش
سټوو
یخ دانی
یخچال
سطل زباله
اشغالدانی
ظرفشویی
د لوخو مینځونکی

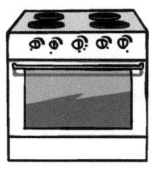

منقل

دیگ بخار

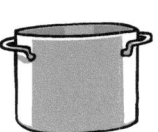

دیگ

لوخی

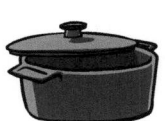

دیگ چدنی

چدني لوخی

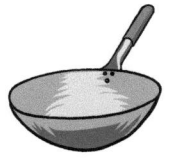

کراهی

ووک

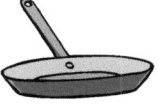

تابه

د تلي په

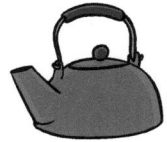

چای جوش

چای جوش

ظروف

لوخي

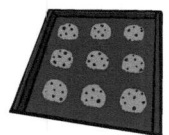

پطنوس طباخی

پتنوس

بخارپز

د بخار دیګ

چاپستیک ها

د رانیولو اوزار

کاسه

کاسه

پیاله کلان

مګ

مخلوط کننده

پاکونکی

کفگیر

کفګیر

ملاقه

ځمڅی

رنده

ګریټر

غلبیل

غلبیل

چلو صاف

صافي

آتش باز

خلاص اور

بار بیکیو

بار بي کیو

هاونگ

اونګ

سر بازکن

کارک سکریو

آشگز

هوارونکی

تخته برش

تخته

دستگیره تکه ای

د لوخي ټوټه

سر باز کن

د ټیم خلاصونکی

قوطی

ټیم

اسفنج

سپنج

برس ظرف شویی

برس

ظرف شویی

ظرف شوی

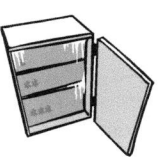

شیر چوشک اطفال

د ماشوم بوتل

فریزر

ژور یخچال

مخلوط کن

بلیندر

نل آب

نل

حمام

گرم کننده
تودول
جان پاک
جان پاک
شاور
شاور
پرده حمام
د شاور پرده
حمام کف
ببل حمام
تب حمام
د حمام ټب
گیلاس
ماشین لباسشویی
د مینځلو مشین
نل آب
نل
کاشی
ټايلونه
پات اطفال
یو ډول کموود
ظرف شویی
ظرف شوی

تشناب
....
تشناب

کمود فرشی
....
فرشي کمود

کمود
....
کمود

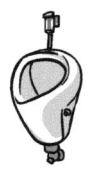

تشناب مرد ها
....
د متیازو ځای

کاغذ تشناب
....
تشناب کاغذ

برس کمود
....
د تشناب برس

نخ دندان

د غاښونو نخ

کریم دندان

د غاښونو کریم

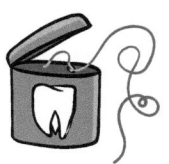

برس دندان

د غاښونو برس

شاور کمود

دوش

شاور دستی

لاسي شاور

شستن

مینځل

صابون

صابون

برس پشت

د شا برس

دستشویی

خانک

لیف

فلانل جامه

شامپو

شامپو

جل حمام

د شاور ژل

بوزدا

سپری

کریم

کریم

آب رو

وچول

ریش تراش
....
ریزر

آینه دستی
....
لاسي آینه

آینه
....
آینه

شانه موی
....
گـمنځ

کلونیا
....
د خریلو وروسته

کف ریش تراشی
....
د خریلو فوم

اسپری مو
....
د ویښتانو سپری

سشوار
....
د ویښتانو وچونکی

برس
....
برس

رنگ ناخن
....
د نوکانو پالش

لب سرین
....
لیپ سټیک

آرایش
....
میک اپ

عطر
....
عطر

ناخن گیر
....
ناخن گـیر

پشم پنبه
....
کاټن وړی

ترازوی وزن

....

د وزن کولو تله

چوکی چار پایه

....

سټول

کیسه شستشو

....

د مینځلو کڅوړه

تامپون

....

ټامپون

دستکش پلاستیکی

....

د ربړ دستکش

جان پاک

....

د حمام پوښاک

کوتکس

....

صحیی جان پاک

تشناب سیار

....

کیمیکل تشناب

اطاق اطفال

د ماشوم خونه

د الارم ساعت
گدی های نرم
د لوبو وسایل
موتر سامان بازی
جرنگانه
خانه گدی

پوقانه
....
بالون

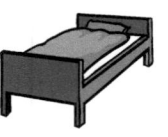

تختخواب
....
تخت

ریکشه اطفال
....
کالسکه

قطعه بازی
....
د لوبو ورقي

پازل
....
جیگسا

خنده آور
....
مسخره

پچه فلم

....

د اکشن فیګور

بلوک های سامان بازی

....

د نانځکو بلاک

خشت های لگو

....

لیګو بریک

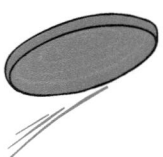

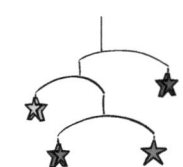

سامان بازی که روی تخت خواب اطفال اویزان می شود

....

موبایل

فریزبی

....

فریزبي

لباس طفل

....

د ماشوم پوښاک

ریل اسباب بازی

....

ماډل ریل سیټ

تاس

....

تاس

بازی تخته یی

....

بورډ لوبه

کتاب تصویری

....

د عکسونو البوم

مهمانی

....

پارټي

چوشک

....

ګونکشی

بازی کردن

....

لوبیدل

گدیگک

....

نانځکه

توپ

....

بال

اسباب بازی

....

نانځکي

گاز

....

سوینګ

جعبه ریگ

....

د شګو کنده

خرس سامان بازی

....

ګوډکه

سه چرخه

....

ټرای سایکل

کنسول بازی کمپیوتری

....

د ویډیو لوبو کنسول

الماری لباس

....

د کالو الماری

لباس

پوښاک

برجس

....

ټایټس

جوراب دراز

....

لوړي جرابي

جوراب

....

جرابي

بلوز

چتری
چتری

چادر سر
زروکی

کمربند
کمربند

چپلک
سلیپر

بوټان

کرمچ
سنیکر

موزه پلاستیکی
....
د ربړ بوټان

بوت
....
بوټان

چپلی
....
سینډل

واسکت
....
واسکټ

واسکت زنانه
....
سینه بند

نیکر
....
زیرنیکري

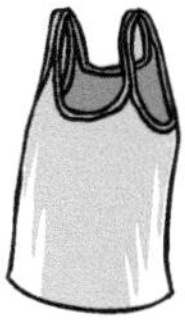

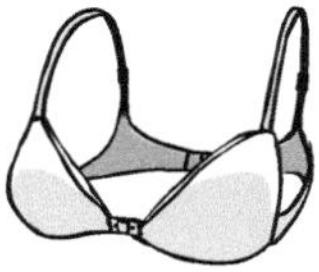

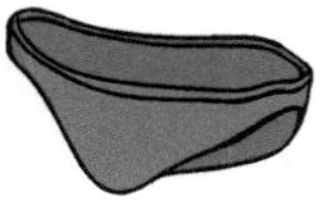

پتلون کاوبای
....
جینز

برزو
....
پتلون

بدن
....
باډي

پیراهن
....
شرټ

بلوز
....
بلاوز

دامن
....
لمن

جاکت
....
بلیزر

جاکت کلاه دار
....
سویټر

یالان
....
بنیان

کوت بارانی
....
د باران کوټ

کورتی
....
کوټ

چمپر
....
جاکټ

لباس عروسی
....
د واده پوښاک

پیراهن
....
کالي

لباس مخصوص مراسم
....
پوښاک

پاجامه

پاجامه

لباس خواب

د شپې پوښاک

دریشی

دریشي

لنگی

پټکی

چادر سر

لوپټه

ساری

ساړي

چادر

عبا

کفتان

کفتن

چادری

برقه

پتلون نصفه

شارټ

نیکر پاچه دار

نیکر

لباس آببازی

د لامبو پوښاک

دستکش

دستکش

پیش بند

پیش بند

لباس ورزشی

د ځغاستي پوښاک

دستبند

لاس بند

عینک

عینک

دکمه

بټن

گوشواره

غوږوالۍ

انگشتر

ګوتمه

گردن بند

غاړه کۍ

کلاه

خولۍ

کوت بند

کوټ بند

کلاه پیک دار

خولۍ

کلاه مصون

هیلمیټ

زیپ

ځنځیر

نیکتایی

ټایی

یونیفورم

یونیفارم

یونیفورم مکتب

د ښوونځي یونیفارم

بند تنبان

تړونکی

پمپر

نیپي

چوشک

ګونګشی

پیش بند

بیب

دفتر

دفتر

سرور
سرور
الماری اسناد
د دوسیه الماری
کاغذ
ورق
پرینتر
پرینټر
مانیتور
میز کار
ماوس
ماوس
فولدر
فولدر
کیبورد
کي بورډ
سبد کاغذ باطله
اشغالدانی
کمپیوتر
کمپیوټر
چوکی

اینترنت

انټرنیټ

ماشین حساب

کالکولیټر

گیلاس قهوه

د کافي پیاله

پیام

....

پیغام

نامه

....

لیک

لپ تاپ

....

لپ ټاپ

ماشین فوتوکاپی

....

فوټوکاپیر

شبکه

....

نیټورک

موبایل

....

موبایل

پلک

....

پلک ساکټ

تلیفون

....

تلیفون

نرم افزار

....

سافټویر

سند

....

سند

فورمه

....

فارم

دستگاه فکس

....

فکس مشین

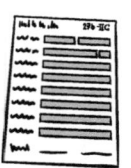

اقتصاد

تجارت کردن

سوداګري کول

پرداختن

تادیه کول

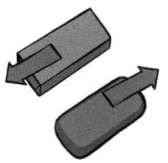

خرید کردن

پیرل

یورو

یورو

دالر

ډالر

پول

پیسي

فرانک سوئیس

سویسي فرانک

روبل

ربل

ین

ین

خودپرداز

د نغدي پیسو ځای

روپیه

روپۍ

یوان رنمینبی

رینمینبي یوان

نقره

سپين زر

طلا

سره زر

دفتر صرافی

د اسعارو د تبادلي دفتر

قیمت

نرخ

انرژی

انرژي

نفت

تيل

سهام

اسهام

مالیات

ماليه

قرارداد

قرارداد

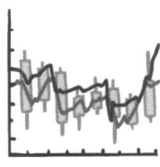

استخدام کننده

کار گومارونکی

کارمند

کارمند

کار کردن

کار کول

مغازه

پلورنځی

فابریکه

فابريکه

شغل ها

مسلکونه

افسر پولیس
د پولیسو افسر
آتش نشان
د اطفایه غری
آشپز
آشپز
داکتر
داکتر
پیلوت
پیلوت

باغبان

باغوان

نجار

نجار

خیاط

خیاط

قاضی

قاضي

کیمیا دان

کیمیا پوه

بازیگر

د فلم لوبغاړی

ماهیگیر

کب نیونکی

راننده تکسی

د ټېکسي ډرایور

راننده بس

د بس ډرایور

پیشخدمت

پېشخدمت

سقف ساز

بام جوړونکی

خدمه

خدمه

نانوا

نانوا

نقاش

نقاش

شکارچی

ښکاري

انجنیر

انجنیر

بنا

تعمیر جوړونکی

برقی

د برښنا کارکونکی

پستچی

پوست رسونکی

نلدوان

نلدوان

قصاب

قصاب

صندوقدار

....

صراف

معمار

....

مهندس

سرباز

....

سرتیری

مامور تکت ریل

....

کلینډر

آرایشگر

....

نایی

گل فروش

....

مالیار

داکتر دندان

....

د غاښونو ډاکټر

کاپیتان

....

کپتان

میخانیک

....

میکانیک

امام

....

امام

خاخام/ عالم یهودی

....

ښاغلی

دانشمند

....

ساینس پوه

ملا

....

پادري

راهب

....

مذهبي نفر

مسلکونه - شغل ها

ابزار

لوازم

چکش
څټکی
پیچ کش
پیچکش
پلاس
پلاس
رینچ
رینچ
چراغ دستی
څراغ

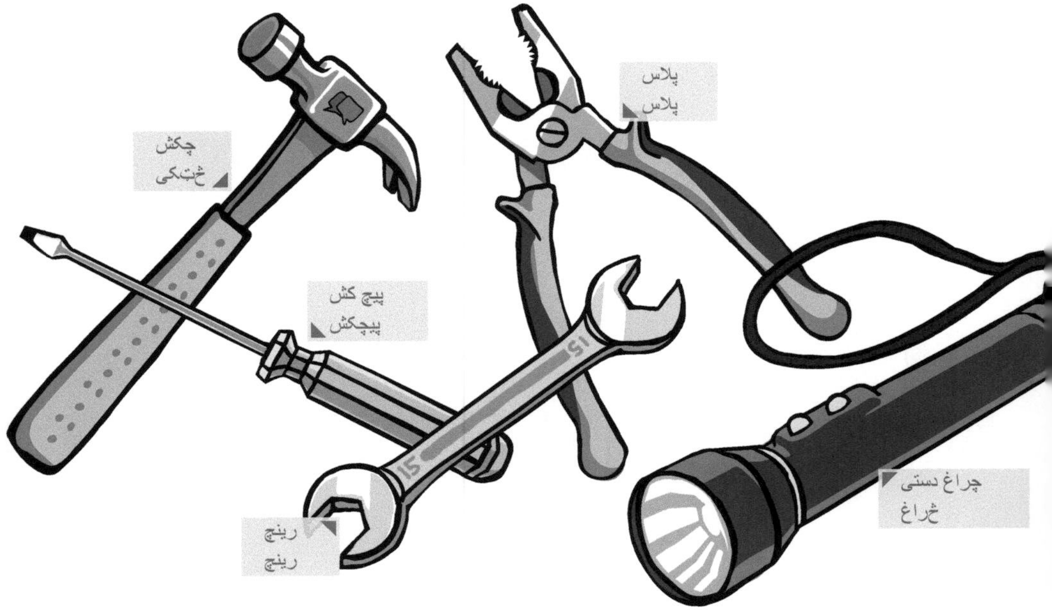

زینه

....

زینه

جعبه ابزار

....

د لوازمو بکس

ماشین حفاری

....

کنستونکی

برمه

....

برمه

میخ

....

میخونه

اره

....

اره

ترمیم کردن

ترمیم کول

بیل

بیل

لعنتی!

لعنت!

خاکروبه

خاک انداز

سطل رنگ

مشوانۍ

پیچ

پیچونه

آلات موسیقی

د میوزیک آلات

بلندگو

لاوډ سپیکر

درام کیت

ډرم سیټ

کنترباس

کنترباس

ترومپیت

ټرومپیټ

گیتار

ګیتار

گیتار بیس

باس

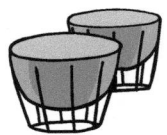

وایلن

وایلن

پیانو

پیانو

پیانوی برقی

کي بورډ

دول

ډرمونه

دهل

نغاره

میکروفون

مایکروفون

توله

شپیلۍ

ساکسوفون

سیکسافون

باغ وحش

ژوبڼ

ورودی
ننوتو لاره
ببر
قفس
پنجره
گوره خر
ګوره خر
غذای حیوانات
د ژويو خواړه
پاندا

حیوانات

ژوی

فیل

هاتي

کانگورو

کنګرو

غژ گاو

د اوبو اسپ

گوریلا

ګوریلا

خرس

ایږه

شیر

زمری

شترمرغ

شترمرغ

شتر

اوښ

طوطی

طوطي

فلامینگو

غزی

میمون

بیزو

کوسه

شارک

پنگوئن

پینګوین

خرس قطبی

قطبي ایږه

تمسا

تمساح

مار

مار

طاووس

طاوس

پلنگ خالدار امریکایی

جګوار

سگ آبی

سیل

نگهبان باغ وحش

ژوبڼ ساتونکی

اسب آبی

هیپو

پلنگ

پڕانگ

اسب کوچک

یابو

خوک وحشی

نرخوگ

عقاب

باز

زرافه

زرافه

شیر دریایی

سمندري نولی

سنگ پشت

شمشتی

ماهی

کب

غزال

هوسی

روباه

کـیدڕه

ورزش ها

ورزش

فوتبال امریکایی
امریکایی فټبال
بایسکل سواری
سایکل ځغلول
تنیس
باسکتبال
باسکیټبال
آب بازی
لامبو
هاکی روی یخ
د کنګل هاکي
بوکس
باکسینګ

فوتبال

فټبال

بدمینتون

کسیزه

ورزشکاری

د ځغاستې لوبې

هندبال

د هندبال

اسکی

سکي

پولو

پولو

فعالیت ها

فعالیتونه

خندیدن
خندل
خیز زدن
ټوپ وهل
بغل کردن
غاړه ورکول
راه رفتن
خواندن
سندري ويل
خواب دیدن
خوب لیدل
دعا کردن
عبادت کول
بوسیدن

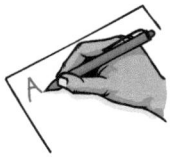

نشان دادن

ښودل

کشیدن

کښل

نوشتن

لیکل

گرفتن

اخیستل

دادن

ورکول

تیله کردن

ټېله کول

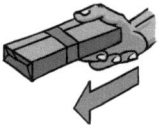

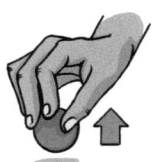

بودن

پاییدل

انجام دادن

کول

داشتن

درلودل

کش کردن

راکښل

دویدن

منډې وهل

ایستادن

ودریدل

دروغ گفتن

څملاستل

افتادن

لویدل

پرتاب کردن

گوزارل

نشستن

کښیناستل

حمل کردن

وړل

صبر کردن

انتظار کول

بیدار شدن

پاڅیدل

خوابیدن

ویده کیدل

لباس پوشیدن

پوښاک اغوستل

ضربه زدن

برید کول

گریه کردن

ژړل

نگاه کردن

کتل

فهمیدن

پوهیدل

صحبت کردن

خبري کول

شانه کردن

گمنځ کول

نوشیدن

څښل

گوش دادن

اوریدل

پرسیدن

غوښتل

عشق ورزیدن

مینه کول

مرتب کردن

پاکول

خوردن

خوړل

پرواز کردن

الوتل

راننده گی کردن

موټر چلول

پختن

پخلی کول

خواندن

....

لوستل

حساب کردن

....

حساب

روی آب حرکت کردن

....

بیړی چلول

ازدواج کردن

....

واده کول

کار کردن

....

کار کول

یاد گرفتن

....

زده کول

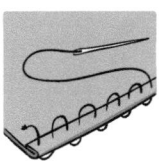

کشتن

....

وژل

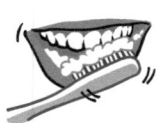

برس کردن دندان ها

....

د غاښونو برس کول

دوختن

....

گنډل

فرستادن

....

لیږل

سگریت کشیدن

....

سگرټ څښل

مادرکلان
نیا

پدرکلان
نیکه

پدر
پلار

مادر
مور

نوزاد
ماشوم

دختر
لور

پسر
زوی

مهمان
....
میلمه

عمه / خاله
....
ترور

ماما/کاکا
....
کاکا/ماما

برادر
....
ورور

خواهر
....
خور

بدن
بدن

پیشانی
تندی
چشم
سترګې
روی
مخ
زنخ
زنه
سینه
سینه
انگشت
ګوته
دست
لاس
بازو
مټ
شانه
اوږه
پا
پښه

زن
ښځه

مرد
سړی

نوزاد
ماشوم

سر
سر

پسر
هلک

دختر
انجلۍ

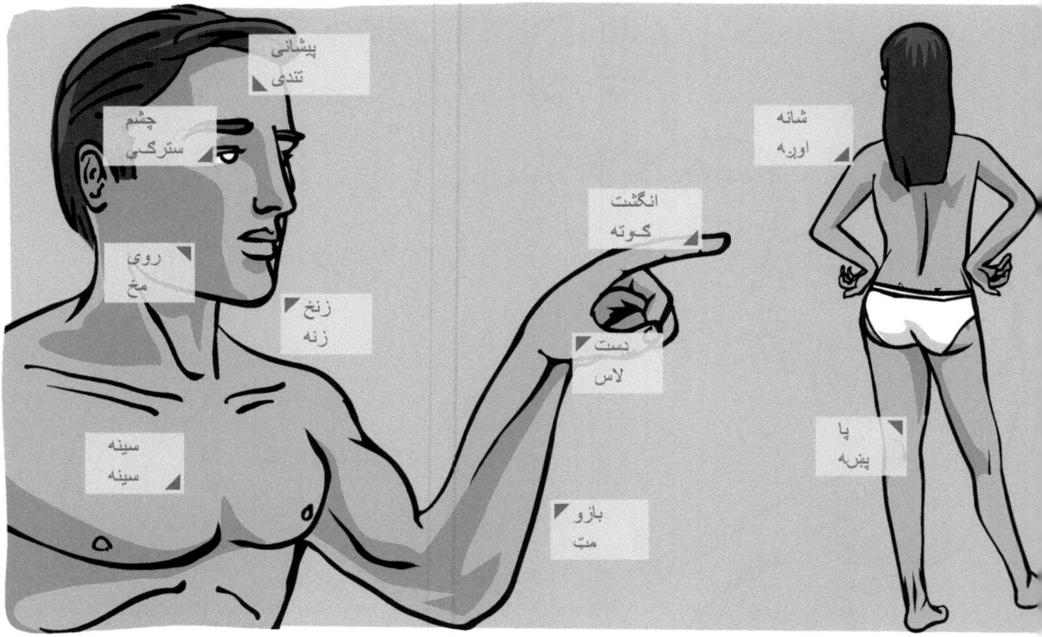

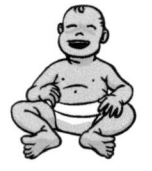

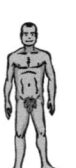

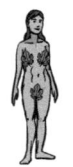

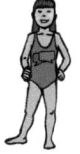

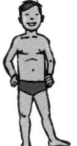

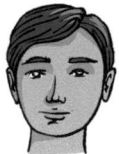

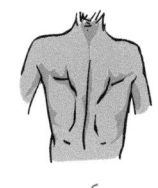

کمر

....

شا

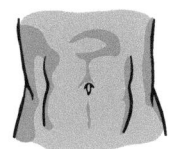

شکم

....

خیټه

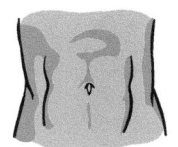

ناف

....

نوم

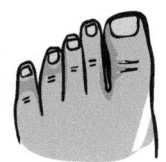

انگشت پا

....

د پښې گوته

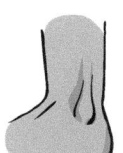

کوری پای

....

پونده

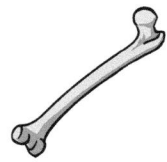

استخوان

....

هډوکی

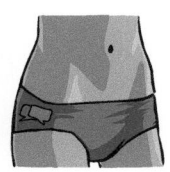

کمر

....

کوناتی

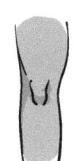

زانو

....

زنگون

آرنج

....

څنګل

بینی

....

پوزه

سرین

....

لاندی برخه

پوست

....

پوټکی

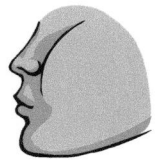

کومه

....

غومبوری

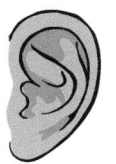

گوش

....

غوږ

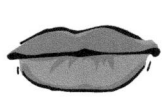

لب

....

شونډه

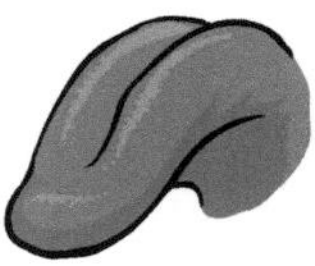

زبان

....

ژبه

دندان

....

غاښ

دهان

....

خوله

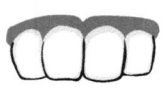

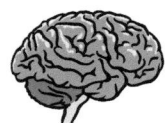

عضله

....

عضله

قلب

....

زړه

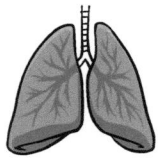

مغز

....

مغز

معده

....

معده

جگر

....

ځیګر

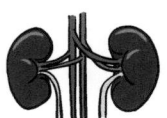

شش

....

سږی

کاندوم

....

کاندوم

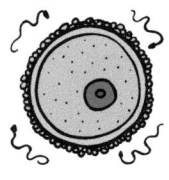

رابطه جنسی

....

جنسي نږدې والی

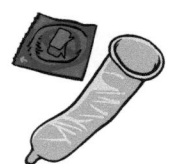

گرده

....

پښتورګي

حاملگی

....

حمل

آب منی

....

مني

تخمه

....

تخمه

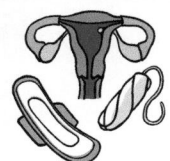

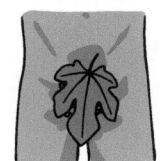

آلت تناسلی مرد

د نارینه تناسلي آله

مجرای تناسلی زن

مهبل

قاعده گی

حیض

گردن

غاړه

مو

ویښته

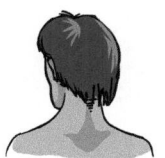

ابرو

وروځې

شفاخانه

روغتون

آمبولانس
امبولانس
چوکی چرخدار
ویل چیر
شکستگی
کسر

داکتر

داکټر

اطاق عاجل

عاجل خونه

نرس

رنځورپال

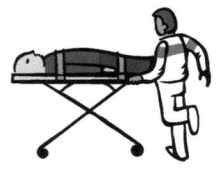

عاجل

عاجل

بیهوش

بې هوش

درد

درد

حمله قلبی
……
د زړه حمله

خونریزی
……
وینه تویدل

جراحت
……
ټپ

سرفه
……
ټوخی

حساسیت
……
حساسیت

سکته مغزی
……
ضرب

اسهال
……
نس ناستی

انفلوانزا
……
انفلوینزا

تب
……
تبه

شکر
……
شکر

سرطان
……
سرطان

سردرد
……
سر درد

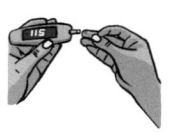

عملیات
……
عملیات

چاقوی جراحی
……
سکالپل

جراح
……
جراح

سونوگرافی
....
الټراساونډ

ایکسری
....
ایکس ری

سی تی
....
سيټي

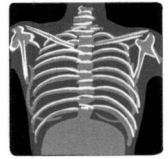

اطاق انتظار
....
انتظار خونه

مریضی
....
ناروغي

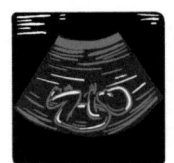

ماسک روی
....
د مخ ماسک

پانسمان
....
بنداژ

گچ
....
پلستر

عصا
....
امسا

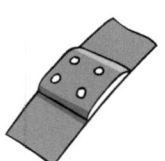

تذکره
....
تسکیره

استاتسکوپ
....
ستاتسکوپ

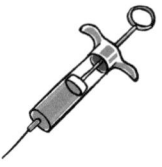

تزریق
....
تزريق

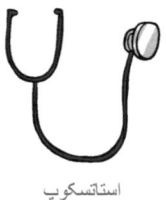

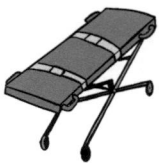

اضافه وزن
....
زیات وزن

تولد
....
زېږون

ترمامیتر کلینیکی
....
کلينکي ترماميټر

عفونت

عفونیت

ضدعفونی کننده

د عفونیت ځخه پاکونکي مواد

سمعک

د اوریدو مرسته

ادویه

درمل

اچ آی وی / ایدز

ایچ.آی.وي/ایډز

وایروس

ویروس

تابلیت

ګولی

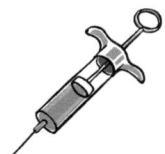

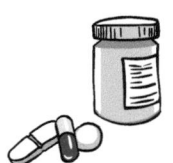

تابلیت ها

ټابلیټس

واکسیناسیون

واکسین

بیمار / سالم

ناروغ/روغ

مانیتور فشار خون

د ویني د فشار څارونکی

تماس اضطراری

عاجل تلیفون

عاجل

تجاوز

یرغل

زنگ هشدار

الارم

کمک!

مرسته!

خروج اضطراری

عاجل لاره

خطر

خطر

حمله

برید

حادثه

پېښه

آله ضد حریق

د اور وژونکی

آتش!

اور!

پولیس

پولیس

پیام اضطراری

ایس.او.ایس

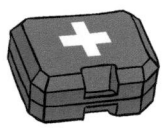

بکسه کمک های اولیه

د لومړی مرستي لوازم

زمین
ځمکه

امریکای جنوبی
سهیلي امریکا

امریکای شمالی
شمالي امریکا

اروپا
اروپا

استرالیا
آسټرېلیا

آسیا
آسیا

آفریقا
افریقا

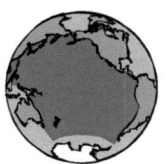

اقیانوس هند
د هند بحر

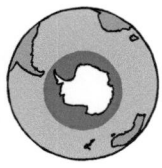

اقیانوس آرام
پاسیفیک

اقیانوس اطلس
اتلانتیک

قطب شمال
شمالي قطب

اقیانوس منجمد شمالی
د شمال قطب بحر

اقیانوس منجمد جنوبی
جنوبي منجمد بحر

زمين

ځمکه

قاره قطب جنوب

انټارکټيکا

قطب جنوب

سهيلي قطب

جزيره

ټاپو

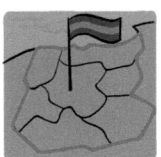

دريا

بحر

خشکی

ځمکه

کشور

دولت

ملت

ملت

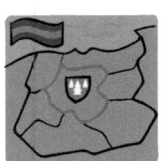

ساعت

ساعت

عقربه دقیقه شمار

....

د دقیقي ستنه

عقربه ساعت شمار

....

د ساعت ستنه

روی ساعت

....

د مخي ساعت

روز

....

ورځ

ساعت چند است؟

....

څه وخت دی؟

عقربه ثانیه شمار

....

د ثانیی ستنه

ساعت دستی دیجیتل

....

ډیجیټل ساعت

اکنون

....

اوس

زمان

....

وخت

ساعت

....

ساعت

دقیقه

....

دقیقه

ساعت - ساعت

هفته

اونۍ

دوشنبه
دوشنبه
سه شنبه
سه شنبه
چهارشنبه
چهارشنبه
پنجشنبه
پنجشنبه
جمعه
جمعه
شنبه
شنبه
یکشنبه
یکشنبه

دیروز
....
پرون

امروز
....
نن

فردا
....
سبا

صبح
....
سهار

ظهر
....
غرمه

غروب
....
ماښام

روزهای کاری
....
کاري ورځې

آخر هفته
....
د اونۍ پای

سال

کال

باران
باران
رنگین کمان
رنګین کمان
برف
واوره
شمال
باد
بهار
پسرلی
تابستان
اوړی
خزان
زمستان
ژمی

پیش بینی آب و هوا

....

د موسم وړاندوینه

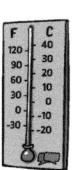

ترمامیتر

....

ترمومیټر

آفتاب

....

د لمر وړانګې

ابر

....

وریځ

غبار

....

لړه

رطوبت

....

رطوبت

طوفان

توفان

الماسک

تندر

رعد و برق

رڼا

سیل

سیلاب

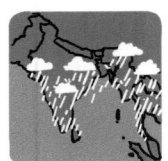

موسم بارندگی

مون سون باران

ژاله

ږلۍ وریدل

فبروری

فبروري

جنوری

جنوري

یخ

یخ

می

مۍ

اپریل

اپرېل

مارچ

مارچ

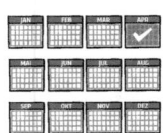

اگست

اګست

جولای

جولای

جون

جون

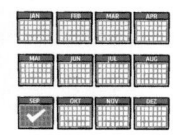

سپتمبر

سپتمبر

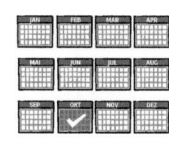

اکتوبر

اکتوبر

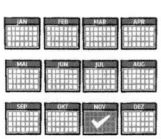

نومبر

نومبر

دسمبر

دسمبر

شکل ها

شکلونه

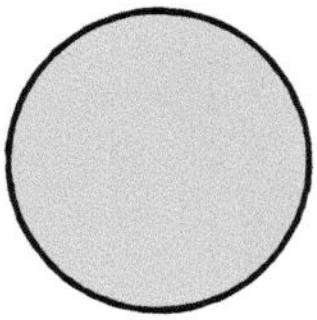

دایره

دایره

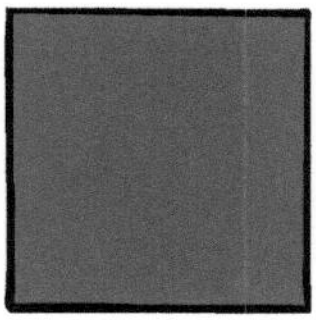

مربع

مربع

مستطیل

مستطیل

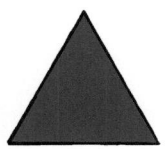

مثلث

مثلث

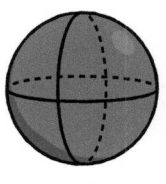

کره

توپ

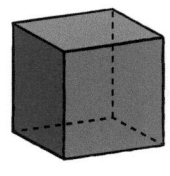

مکعب

فال

نارنجی

نارنجي

زرد

ژیړ

سفید

سپین

بنفش

ارغواني

سرخ

سور

گلابی

ګلابي

نصواری/قهوه یی

نسواري

سبز

شین

آبی

نیلي

سیاه

تور

خاکستری

خړ

متضاد

مقبول / بدرنگ

ښکلی/بدشکله

عصبانی / آرام

قار/ارام

زیاد / کم

خورا ډیر/خورا لږ

روشن / تیره

روښانه/تیاره

بزرگ / کوچک

لوی/کوچنی

آغاز / پایان

پیل/پای

کامل / ناقص

مکمل/نامکمل

پاک / کثیف

پاک/ککړ

برادر / خواهر

ورور/خور

عریض / باریک

پراخه/نری

مرده / زنده

مړ/ژوندی

روز / شب

ورځ/شپه

هیجان زده / کسل

....

پاریدلی/بې خونده

عصبانی / دوستانه

....

بد/مهربان

خوراکی / غیر خوراکی

....

د خوراک وړ/نه خوړل کیدونکی

دوست / دشمن

....

ملګری/دښمن

اول / آخر

....

لومړی/وروستی

چاق / لاغر

....

چاق/وچ

سنگین / سبک

....

درروند/سپک

سخت / نرم

....

سخت/نرم

پر / خالی

....

ډک/تش

غیر قانونی / قانونی

....

غیرقانوني/قانوني

بیمار / سالم

....

ناروغ/روغ

گرسنگی / تشنگی

....

لوږه/تنده

نزدیک / دور

....

نږدې/لرې

چپ / راست

....

کیڼ/ښي

باهوش / احمق

....

هوښیار/ساده

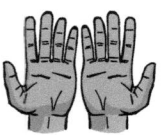

پیر / جوان

بډا/ځوان

هیچ چیز / چیزی

هیڅ/یوڅه

نو / کهنه

نوی/زوړ

بی صدا / پر سر و صدا

غلی/لوړ غږ

باز / بسته

خلاص/تړلی

روشن / خاموش

چالان/بند

ناهموار / هموار

زیږ/ملایم

صحیح / غلط

صحیح/غلط

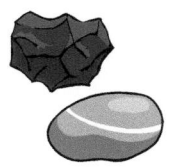

ثروتمند / فقیر

بدایه/غریب

آهسته / سریع

سست/ګړندی

کوتاه / بلند

لنډ/اوږد

غمگین / خوشحال

خفه/خوښ

جنگ / صلح

جګړه/سوله

گرم / سرد

ګرم/یخ

تر / خشک

لوند/وچ

اعداد

شمیري

0	1	2
صفر	یک	دو
صفر	یو	دوه

3	4	5
سه	چهار	پنج
دري	څلور	پنځه

6	7	8
شش	هفت	هشت
شپږ	اوه	اته

9	10	11
نه	ده	یازده
نهه	لس	یولس

12	**13**	**14**
دوازده	سیزده	چهارده
دولس	دیارلس	څوارلس
15	**16**	**17**
پانزده	شانزده	هفده
پنځلس	شپاړس	وولس
18	**19**	**20**
هجده	نوزده	بیست
اتلس	نولس	شل
100	**1.000**	**1.000.000**
صد	هزار	میلیون
سل	زر	میلیون

زبان ها

ژبې

چینی ماندارین

چینایی مندرین

انگلیسی امریکایی

امریکایی انګلسي

انگلیسی

انګلسي

فرانسوی

فرانسوي

اسپانیایی

هسپانوي

هندی

هندي

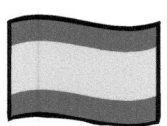

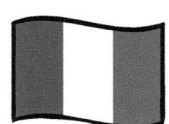

پرتغالی

پرتګالي

روسی

روسي

عربی

عربي

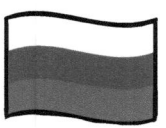

جاپانی

جاپاني

آلمانی

آلماني

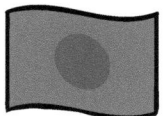

بنگالی

بنګالي

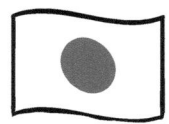

کی/چی/چطور

ځوک/څه/څنګه

او / او / آن

هغه/دغه/دا

شما

ته

من

زه

آن ها

دوی/هغوی

شما

تاسي

ما

موږ

چطور؟

څنګه؟

چی؟

څه؟

کی؟

ځوک؟

اسم

نوم

چه وقت؟

کله؟

کجا؟

چیری؟

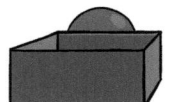

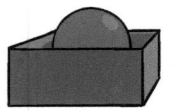

کجا

چیرې

پیش روی

په مخه کې

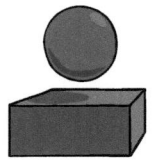

در

په

عقب

شاته

زیر

لاندې

روی

په

بالا

باندې

محل

ځای

میان

ترمینځ

پهلو

برسیره پر